ALESSANDRO ALLARIA

NETWORK MARKETING ONLINE

Come Sfruttare le Risorse della Rete per Ottenere il Massimo Rendimento dal Tuo Business

Titolo
"NETWORK MARKETING ONLINE"

Autore
Alessandro Allaria

Editore
Bruno Editore

Sito internet
http://www.brunoeditore.it

Sommario

Introduzione

Grazie per aver acquistato il mio ebook e benvenuto nel meraviglioso mondo del network marketing! Non si tratta solo di una strategia commerciale, ma di un vero e proprio stile di vita. Chi lo sceglie dimostra di essere una persona che non si accontenta della mediocrità, ma vuole vivere la propria vita ai massimi livelli possibili.

Quello che mi ha spinto a scrivere questo ebook è la passione che provo per il network marketing. Ogni qual volta ho aderito a una proposta imprenditoriale di questo tipo ho infatti sempre imparato qualcosa di molto utile, che poi applico in ogni aspetto della mia vita professionale, anche quando mi capita di ricoprire altri ruoli.

L'entusiasmo e la grinta che fanno da inevitabile contorno a chi si trova a svolgere un'attività di N.M. credo sia un momento unico e impareggiabile, che consente a persone di ogni estrazione sociale e culturale di raggiungere risultati economici e professionali fino ad allora inimmaginabili, un po' come se la vita gli offrisse una seconda opportunità. Crescere, migliorarsi, arricchirsi ed essere felici, avendo più tempo da dedicare alla propria vita personale: questo fa del network marketing la più grande macchina commerciale mai inventata.

Il mio scopo è quello di aiutarti a iniziare questo business nel modo più semplice ed efficace possibile, facendoti evitare alcuni degli errori più comuni e contemporaneamente facendoti scoprire gli elementi che possono accelerare il tuo viaggio verso il successo. Tutto ciò che ti chiedo è di mantenere una mente aperta e ricettiva, perché, leggendo questo ebook, potrebbero giungerti alcuni concetti che contraddicono quanto hai appreso in precedenza.

Ti auguro buona lettura e di riuscire a trarre dalle pagine di questo manuale quei consigli e quelle strategie che possono letteralmente fare esplodere la tua attività di network marketing.

Alessandro Allaria

Network marketing coach

CAPITOLO 1:
Come fare una partenza da campioni

Il network marketing non rappresenta semplicemente un modello per gestire i rapporti commerciali, ma un vero e proprio sistema per organizzare la propria impresa.

Una definizione di network marketing che ne delinei compiutamente gli aspetti principali proviene da P. Clothier: «Un metodo per vendere beni direttamente ai consumatori attraverso una rete costituita da distributori indipendenti che introducono altri distributori, e nella quale il guadagno è generato dai profitti al dettaglio e all'ingrosso, nonché dai pagamenti ulteriori calcolati sul totale delle vendite del gruppo costituito dal singolo distributore».

Si tratta di una strategia innovativa di concepire la fase distributiva, che può essere inquadrata autonomamente oppure abbinata a un altro sistema. Questo si rivela particolarmente efficace in determinate situazioni di mercato, quali gli ambienti sociali e industriali complessi, dove il consumatore si presenta con caratteristiche non omogenee e non classificabili univocamente. Il network marketing inoltre viene incontro alle esigenze di centralità del cliente, che non è più concepito come un'entità dal valore meramente commerciale, bensì considerato sotto l'aspetto umano, quale portatore di interessi ed esigenze a cui prestare la massima attenzione.

SEGRETO n. 1: impara a sfruttare le caratteristiche principali del network marketing.

Ora proviamo a estrapolare le caratteristiche distintive di tale sistema distributivo, che sono:

- la partecipazione dei distributori indipendenti, che si gestiscono come fossero imprenditori autonomi tra loro;
- l'opportunità concessa a ogni distributore indipendente di formarsi una propria struttura commerciale mediante l'inserimento di altri distributori;
- la possibilità per ogni distributore di ottenere profitti non solo dalla propria vendita diretta, ma anche ricevendo una percentuale sugli introiti dei distributori facenti parte della sua

struttura, il che fa sì che ciascun distributore sia motivato ad ampliare la propria rete commerciale, onde incrementare i suoi guadagni;

- il fatto che la capacità di espansione di tale sistema dipende dal numero dei livelli distributivi che riesce a reggere, secondo il calcolo delle provvigioni, che devono sempre rivestire un sicuro interesse ed essere di incentivo, nonché dalle capacità di gestire una rete di propri distributori, riuscendo sempre a tirare fuori il meglio che è in loro;
- la differenza col rapporto di agenzia, che, basandosi l'attività sulla capacità di riuscire a instaurare rapporti personali proficui, si sostanzia nella mancanza di limitazioni geografiche e territoriali.

In definitiva il network marketing rappresenta una forma di outsourcing della funzione commerciale e distributiva da parte delle aziende produttrici verso degli imprenditori autonomi, che hanno il ruolo di distributori.

Differenza col multilivello (multilevel marketing)

A volte i due termini vengono utilizzati come sinonimi, ma in definitiva rappresentano due fasi diverse della medesima strategia. Mentre il network marketing concerne, infatti, l'aspetto relazionale esterno col mercato di riferimento, il multilivello delinea la peculiarità della struttura interna secondo un organigramma di tipo piramidale.

Differenza col franchising

Si tratta di due strategie distributive che hanno in comune la ricerca attiva della clientela e si differenziano principalmente perché il gestore di un network marketing svolge anche l'attività di reclutare nuovi distributori.

A differenza del franchising, nel network marketing si assiste alla creazione di una rete distributiva autonoma e distinta da quella dell'impresa produttrice dal punto di vista sia gestionale che giuridico. Nel franchising, infatti, gli affiliati sono tenuti contrattualmente a utilizzare, oltre ai segni distintivi dell'azienda madre, anche le medesime politiche commerciali e di marketing.

Un altro elemento di differenziazione concerne l'entità dell'investimento richiesto, che nel network marketing è di gran lunga inferiore, anche in considerazione della relativa autonomia di cui si gode, essendo i costi di penetrazione nel mercato a carico del distributore autonomo.

Vi è poi da considerare lo spazio fisico in cui avvengono le transazioni commerciali, che solitamente nel caso del franchising corrisponde a un punto vendita ben identificato, diversamente da quanto avviene nel network marketing, dove non vi sono limitazioni logistiche.

Anche la formazione riveste un ruolo strategicamente distinto: nel franchising questa ha l'obiettivo di creare un'omogeneità di comportamento tra i vari affiliati, mentre nel network marketing mira a valorizzare l'autonomia decisionale e operativa dei vari distributori.

Un elemento cui devi fare attenzione, per sapere se il network marketing che ti è stato proposto è correttamente impostato, riguarda il ruolo della formazione. Devi cioè verificare se questa ha come scopo la tua crescita personale e professionale oppure finalità meramente manipolative, quasi si trattasse di una setta.

Online vs offline

Il marketing è uno degli elementi più importanti per avviare e ampliare la tua attività. Grazie ai numerosi mezzi di comunicazione oggi disponibili online, non è più necessario fare affidamento esclusivamente su seminari e altri eventi dal vivo per incontrare potenziali colleghi di network marketing, avendo tu l'opportunità di procurarti i tuoi contatti da casa tramite il computer.

Naturalmente gli eventi dal vivo sono una grande risorsa, ma hanno i loro svantaggi. Qui di seguito elenco quattro dei principali motivi per cui ritengo che fare ricorso alla rete internet sia la scelta migliore:

1. **Costi**. La partecipazione a un seminario dal vivo per chi vuole conoscere un nuovo progetto di network marketing può costare dai 50 ai 200 euro (esclusi i costi relativi a vitto, alloggio e viaggio), mentre online la spesa da sostenere viene praticamente annullata, escludendo i costi di abbonamento alla rete internet.
2. **Spostamenti**. Quando segui dei corsi dal vivo devi calcolare il tempo, lo stress e i costi da affrontare per raggiungere la

location, che a volte non è sempre agevole per tutti. Diversamente la formazione online può essere effettuata comodamente sul tuo portatile ovunque tu sia.

3. **Tempo**. Un evento dal vivo, normalmente, dura almeno un giorno intero. I corsi online invece possono essere seguiti nel tempo libero e anche in maniera non continua, consentendo una piena gestione di questa preziosa risorsa.
4. **Comfort**. Quando partecipi a un evento dal vivo come corsista, ma soprattutto come formatore, hai l'esigenza di vestirti in modo formale, con giacca e cravatta, anche se si è in pieno agosto. Quando lavori online, puoi indossare qualsiasi abito, teoricamente puoi anche essere nudo, basta che fai attenzione che la tua webcam non sia accesa!

Anche se la rete internet ha molti vantaggi, non dovrebbe mai sostituirsi completamente alla partecipazione a eventi dal vivo e riunioni con gli altri colleghi. Gli incontri faccia a faccia, infatti, ti danno l'opportunità di guardare da vicino le persone con cui stai costruendo il tuo business e ricevere da loro consigli basati sull'esperienza che possono aiutarti notevolmente a far partire i tuoi affari, rendendo tutto più semplice e veloce.

Conclusione? Fare ricorso a entrambi i sistemi è la scelta migliore e più completa. Tutti e due i metodi hanno infatti dei benefici diversi che, se utilizzati congiuntamente, si incrementano.

SEGRETO n. 2: impara a sfruttare i diversi benefici di internet e degli eventi dal vivo.

I "trucchi" del network marketing

Il network marketing rappresenta uno dei sistemi più popolari per svolgere un'attività commerciale da casa. Fa diversi proseliti specialmente tra coloro che da poco si stanno avvicinando a internet, perché appare come un lavoro molto semplice da svolgere e che consente di guadagnare soldi facilmente.

Tuttavia, come la maggior parte dei business, richiede la conoscenza di alcuni trucchi e segreti per ottenere il massimo risultato col minimo sforzo. Una volta che avrai imparato a esercitarlo correttamente, ti renderai conto che è un'attività meravigliosa da un punto di vista sociale e che, a fronte di minimi investimenti, può essere anche molto vantaggiosa in termini di guadagno.

Leggendo questo ebook capirai le idee e i principi fondamentali per svolgere al meglio questo business, che rappresenta un'opportunità ideale di lavoro da casa. Le tecniche indicate qui non sono difficili da imparare.

Una volta capiti i concetti e acquisite le abilità principali per questo modello aziendale, ti domanderai come hai fatto a pensare che potesse essere complicato.

Sarà, infatti, capitato anche a te di provare a svolgere questo tipo di attività senza ottenere risultati eccezionali. Questo è successo solo perché non avevi ancora quelle conoscenze specialistiche che nelle prossime pagine proverò a trasmetterti. Continuando a leggere acquisirai le competenze di cui finora non eri in possesso e che ti hanno impedito di raggiungere i tuoi obiettivi.

Il mio invito non è però solo quello di leggere questo manuale, ma soprattutto di mettere in pratica le tecniche che apprenderai. Esamina le varie strategie e scopri quelle che sono più adatte per le tue esigenze.

Non limitarti a immagazzinare queste informazioni tenendole solo per te stesso, ma usale anche per formare la tua rete commerciale, che è poi il vero segreto di questo business. Il mondo meraviglioso del network marketing ti attende!

In primo luogo rimuoviamo quelle che possono essere delle considerazioni superficiali su questo business, per coglierne la vera essenza. Tale strategia commerciale corrisponde a un'organizzazione disposta su più livelli, secondo uno schema di tipo piramidale. Poniamo che un'azienda abbia un prodotto che vuole vendere, ad esempio un integratore alimentare o un articolo per il benessere. La prima cosa che fa è provvedere al reclutamento di alcuni consulenti commerciali interessati al mercato in oggetto.

L'azienda fornisce loro l'adeguata formazione e pattuisce una percentuale calcolata non solo sul ricavato delle vendite, ma anche sull'ulteriore personale commerciale reclutato. Ogni volta che un membro della loro squadra vende qualche cosa, la persona che lo ha reclutato ottiene una commissione aggiuntiva, denominata "provvigione indiretta" oppure "royalty".

Vi sono quindi due casi in cui verrai pagato: il primo, quando vendi una certa quantità di prodotto, in base alle commissioni stabilite; il secondo, quando ottieni una percentuale sulle vendite portate a termine dai membri della tua squadra. Inoltre, vi sono aziende che ti fanno ottenere un'indennità anche per ogni nuovo membro che entra a far parte del tuo team.

Il network marketing si è fatto una reputazione negativa, perché molte aziende non hanno un prodotto adeguato e contano esclusivamente sul reclutamento per il guadagno delle commissioni.

Qualora l'azienda non abbia un reale prodotto da vendere, siamo di fronte a un raggiro che prende il nome di "multilivello" (multilevel marketing). In questo caso gli eventuali guadagni derivano solo dal processo di affiliazione, che prevede una quota di ingresso piuttosto cospicua. La notizia positiva è che si tratta di un sistema illegale.

Al contrario, l'intero sistema dovrebbe essere basato sulla vendita del prodotto e sul reclutamento delle persone che lo vendano. Il trucco è quello di mettere a punto un sistema efficace di vendita e reclutamento, per poi insegnare agli altri come duplicare il tuo successo.

Purtroppo capita che venga travisata quella che rappresenta la filosofia tipica di questo business, ponendo l'enfasi esclusivamente sull'attività di reclutamento, piuttosto che sulla effettiva vendita dei prodotti.

Le persone che vengono coinvolte in questo business qualche volta interpretano in modo errato tale lavoro, pensando che il reclutamento sia tutto quello che debbano fare. Ciò accade perché non sono formate per vendere e non hanno le necessarie competenze da trasferire ai componenti della propria rete commerciale, con la conseguenza che immancabilmente l'intero sistema si sgretola.

Purtroppo molti titolari di aziende di network marketing tendono a focalizzarsi sul dimostrare come possono essere fatti molti soldi solamente costruendo una squadra e contando sul reclutamento, piuttosto che sulle commissioni delle vendite. Per evitare questo, le commissioni derivanti dall'attività di vendita dovrebbero sempre essere maggiori di quelle derivanti dal reclutamento.

Ora ti indicherò come scegliere, senza incorrere in brutte sorprese, un programma di network marketing vincente. La prima cosa che devi imparare prima di entrare a far parte di questo business è, infatti, capire quali sono i criteri per scegliere una proposta vantaggiosa fatta da un'azienda. Troppi agiscono in fretta, senza valutare tutti i vari aspetti, ottenendo come unico risultato quello di ricevere una brutta delusione.

Ci sono invece molte aziende valide e quindi devi solo riuscire a individuare quella dove hai le maggiori possibilità di realizzarti pienamente.

Come in ogni settore, anche in questo vi sono aziende corrette che offrono prodotti di buona qualità a prezzi competitivi e si comportano lealmente verso i propri collaboratori, ai quali offrono una reale e duratura possibilità di guadagnare discretamente. Naturalmente, accanto a queste, vi sono quelle della categoria opposta.

A questo punto ti starai chiedendo: come sapere quale azienda scegliere, senza rischiare di buttar via i tuoi soldi e il tuo tempo? Per rispondere alla tua domanda, adesso illustrerò alcuni fattori che devi tenere presenti quando valuti un'azienda di network marketing.

Il primo elemento per importanza è sicuramente il **prodotto**: dovrebbe essere qualcosa che sia ragionevolmente facile da vendere e abbia una buona richiesta sul mercato. Se non vi è una domanda sufficiente per quel determinato prodotto, allora sarà molto arduo che tu riesca a concludere delle vendite, perdendo presto l'entusiasmo e la motivazione.

In secondo luogo, dovresti fare una valutazione sulla **concorrenza**: per essere sicuri di ottenere dei buoni risultati, sul mercato non ci dovrebbe essere un numero elevato di prodotti simili al tuo, magari in vendita a un prezzo inferiore.

Poi è opportuno che tu ti chieda se il prodotto e/o servizio che vuoi promuovere sia di tuo **gradimento** e se credi nella sua riuscita. Se il prodotto non ti piace oppure non lo hai mai usato, scoprirai che è molto faticoso convincere gli altri a comprarlo: ricordati che nel network marketing si guida con l'esempio personale! È molto importante inoltre che tu riesca a incoraggiare pure i membri della tua squadra a provare il prodotto.

Proprio per tale motivo molte aziende offrono i loro prodotti come facenti parte della quota di sottoscrizione al programma di affiliazione commerciale. Ciò è particolarmente importante se lavori per un'azienda che commercializza prodotti per il benessere e la salute.

Assicurati inoltre che l'azienda offra una **buona commissione** e non richieda una quota di iscrizione eccessivamente alta per entrare nel business, onde evitare di scoraggiare le persone a far parte della tua rete vendita.

Dovresti essere entusiasta dell'occasione che ti si offre, perché questo incoraggerà anche gli altri a seguire il tuo esempio. Prenditi un po' di tempo per studiare alla perfezione l'azienda presso cui stai lavorando, perché molta gente vorrà sapere tutto nei minimi particolari prima di aderire alla tua proposta.

L'elemento più importante da controllare è quello della **liquidazione delle commissioni**: prima di aderire, devi essere posto nella condizione di poter monitorare il sistema di pagamento dell'azienda. Devi poter sapere in tempo reale a quanto ammontano le commissioni tue e della tua squadra e in quale momento saranno liquidate.

Prima di aderire dovresti verificare l'esistenza fisica dell'azienda e conoscere l'indirizzo cui fare riferimento per inviare tutte le comunicazioni e i documenti inerenti la tua attività. Deve essere facile mettersi in contatto con l'azienda e riceverne un adeguato supporto per ogni esigenza tua e della tua squadra.

Se vedi che l'azienda fa un uso eccessivo del marketing, enfatizzando al massimo se stessa e le proprie opportunità, allora ti conviene andarci cauto e riflettere bene prima di aderire alla sua proposta.

Ricordati che nel mercato non esiste alcuna opportunità che possa farti guadagnare già da subito grosse somme di denaro, soprattutto senza rimetterci tanto lavoro ed energia. Pertanto diffida quando l'offerta che ti viene presentata è fin troppo allettante e qualcuno ti prospetta la possibilità di diventare ricco in breve tempo.

SEGRETO n. 3: non aver fretta di accettare l'offerta di un'azienda. Prenditi tutto il tempo che ti serve per capire se la proposta è effettivamente vantaggiosa per te, valutandola da tutti i punti di vista.

Come reclutare i membri della tua rete di vendita

Per raggiungere risultati apprezzabili in questo settore sono necessari un paio di anni di costante e serio lavoro, salvo casi eccezionali di professionisti che provengono da altri network e hanno una rete di vendita già formata. Coloro che non hanno mai svolto attività di questo tipo e partono da una prospettiva aziendale di tipo tradizionale incontrano solitamente le maggiori difficoltà proprio nella fase del reclutamento.

SEGRETO n. 4: il reclutamento della rete vendita è la fase dove la maggior parte delle persone che provano a sviluppare un commercio in questo settore viene a mancare.

Ci sono molteplici modi per reclutare i membri della propria rete vendita. Ora ti illustrerò i più diffusi.

Acquistare contatti

Per fare questo lavoro dovresti essere abbastanza abile nell'arte di vendere al telefono oppure reclutare qualcuno che lo faccia al posto tuo: si tratta di un sistema ragionevolmente costoso, poiché soltanto una piccola percentuale degli utenti contattati accetterà l'opportunità che gli offri.

Abbi sempre cura di verificare che i contatti di cui disponi siano aggiornati, specie se si tratta di indirizzi di posta elettronica che normalmente vengono cambiati spesso, e informati in merito alla provenienza dei dati. La soluzione ottimale sarebbe quella di ricevere per le tue ricerche dei dati in forma esclusiva rispetto a quelli dei tuoi concorrenti.

Dare qualcosa in omaggio

Una buona idea, ad esempio, è quella di scrivere un ebook sul network marketing e sul tipo di prodotto che stai vendendo, dando anche alcune informazioni utili sulla tua azienda. Alla fine della pubblicazione puoi inserire un annuncio riguardante la tua opportunità di business, in modo da crearti uno strumento virale di pubblicità.

Se riesci a rendere interessante il tuo ebook e a catturare l'attenzione e la curiosità dei tuoi lettori, costoro penseranno a te come a un esperto della materia e, vista la fiducia che sarai riuscito a suscitare in loro, saranno incoraggiati ad accettare la tua opportunità. Invita inoltre i tuoi lettori a condividere il tuo ebook con i loro conoscenti, incrementando così le possibilità di ricevere contatti utili.

Puoi usare questa stessa tecnica anche con degli ebook che metterai in vendita a un cifra ragionevole, in modo da coprire quanto meno i costi della pubblicità, inserendo al loro interno i diritti di rivendita. Questo servirà a incoraggiarne la diffusione, incominciando proprio dai membri della tua squadra.

Ottenere la pubblicazione di articoli

Si tratta di un modo molto redditizio per portare contatti e generare vendite dal tuo sito web. Gli articoli lusinghieri sul tuo conto ti daranno, infatti, credibilità come professionista, agevolandoti nello sviluppo di un rapporto basato sulla fiducia con i tuoi potenziali clienti.

Pubblicare un corso online

Puoi redigere un corso online oppure incaricare qualcuno di farlo al tuo posto. Questi corsi sono solitamente composti di 5-7 lezioni, che vengono inviate quotidianamente. Puoi approfittarne per presentare l'opportunità che offri, inserendola alla fine di ogni lezione.

Newsletter

Una newsletter gratuita è una delle strategie di promozione più efficace sia per vendere sia per costruire la tua squadra. Per far conoscere la tua offerta puoi inserire sul tuo sito un modulo grazie al quale i visitatori possono mettersi in contatto con te e richiedere maggiori informazioni. Oppure puoi predisporre un sistema di auto-risposta che, per i successivi sette giorni, invierà a tutti gli iscritti una newsletter quotidiana contenente un invito ad aderire al tuo business, cliccando sul link per la relativa sottoscrizione.

Pubblicità diretta

Un'altra buona idea è quella di andare alla ricerca dei siti web che solitamente i tuoi potenziali clienti vanno a visitare, prendendo contatti per far inserire lì degli annunci che pubblicizzino la tua azienda e la tua attività.

In questo caso è fondamentale analizzare con attenzione il proprio mercato-obiettivo, in modo tale da incrementare al massimo il tasso di conversione degli annunci, specie se sono a pagamento. È saggio tracciare un profilo di massima del proprio target di riferimento, per scoprire esattamente quali sono i suoi interessi e quali siti visita più frequentemente.

Pubblicità con Google Adwords

Se sei abbastanza preparato nel web marketing, puoi pensare di fare ricorso a una campagna del Google Adwords per acquisire contatti utili alla tua attività. Leggi con molta attenzione le guide informative su come usare questo strumento e inizia con un investimento minimo di denaro, scegliendo con oculatezza le parole chiave, in base al tuo target.

Verifica con molta attenzione il costo dei click che ricevi e monitora il loro tasso di conversione in termini di vendite dei tuoi prodotti e numero di nuovi iscritti alla tua rete vendita, per evitare di fare un investimento improduttivo.

Sito web per la generazione di contatti

Anche questo è un sistema riservato a chi ha delle adeguate conosce di internet. Il mio consiglio è di realizzare un sito web semplice, che contenga però molte informazioni ottimizzate sulla tua opportunità di business e sul settore della tua azienda.

Inserisci inoltre il collegamento al tuo sito per la vendita dei prodotti e per la promozione delle offerte di reclutamento. Qui sarà presente un modulo da compilare, grazie al quale i visitatori potranno fornirti particolari informazioni circa le loro motivazioni a intraprendere un'attività in proprio.

Predisponi per loro uno spazio vuoto nel modulo, affinché possano specificare che cosa vogliono conoscere più approfonditamente circa la tua opportunità di business online.

Promozioni offline

Anche se il tuo business si svolge prevalentemente sul web, nulla ti vieta di fare ricorso a delle strategie promozionali offline per il reclutamento della tua rete vendita. Puoi ad esempio organizzare delle campagne pubblicitarie, distribuendo cartoline con l'indirizzo del tuo sito internet bene in evidenza. Considera che fare pubblicità offline è più costoso che farla sul web. Pertanto devi valutare bene su quali investimenti puntare, per averne un ritorno soddisfacente.

Il segreto per ottenere dei buoni risultati nel reclutamento è di provare vari metodi diversi, valutando quanto si è ottenuto da ciascuno in rapporto all'investimento effettuato. Di volta in volta annota i risultati che stai ottenendo con le strategie che stanno funzionando meglio e prova a individuare un sistema semplice da attuare, così da trasmetterlo ai tuoi collaboratori. **Ricordati che il loro successo è il tuo successo.**

Come gestire la tua rete di vendita

Diversi dei nuovi membri della tua squadra avranno bisogno di incoraggiamento e di formazione, specialmente se non hanno mai svolto un'attività di questo tipo. Situazione completamente diversa se provi invece a reclutare degli esperti del settore, che amano il network marketing e conoscono approfonditamente questo business. Costoro avranno il vantaggio di aver bisogno di poca formazione e sicuramente saranno dei punti di forza della tua squadra.

La commercializzazione di un prodotto sul mercato è certo una parte importante del business, ma il grande successo può arrivarti solamente se riesci a insegnare ai membri della tua squadra a duplicare il tuo sistema di reclutamento e di vendita.

SEGRETO n. 5: per fare esplodere il tuo business nel network marketing, devi imparare a gestire i tuoi affiliati, formandoli in modo da duplicare il tuo sistema di reclutamento e di vendita.

Puoi anche riuscire a reclutare tanti membri per la tua squadra, ma quello che molti networker dimenticano è che, per farli restare, bisogna insegnare loro come far soldi. Ci sono due metodi per fare soldi: uno ovviamente è vendendo il prodotto dell'azienda, il secondo è sapendo reclutare e formare i nuovi membri della propria squadra commerciale.

Uno dei più grandi problemi nel network marketing è. infatti. l'elevato tasso di abbandono e turn-over, che può anche arrivare al 95% ed è in gran parte dovuto alla mancanza di comunicazione con i membri della propria squadra.

Il problema deriva ovviamente da una cattiva gestione delle "linee alte" della struttura, in termini sia di atteggiamento mentale nei confronti della restante parte della squadra, sia di mancanza del necessario sostegno. La cosa peggiore che possa capitarti è di non riuscire a trovare qualcuno che possa esserti di aiuto quando incontri un problema nello sviluppo del tuo business. La maggior parte degli uplines (superiori di struttura) non hanno, infatti, le abilità necessarie nella vendita per riuscire ad avere successo in questo settore e, tanto meno, insegnare ad altri come farlo.

L'errore peggiore che si possa fare è provare ad arruolare amici e membri della propria famiglia che né conoscono né sono interessati a fare business col network marketing: è come sparare nel mucchio, con notevole dispendio di energia e di tempo. Per fare soldi, devi svolgere seriamente e professionalmente il tuo business, evitando di gestirlo come un hobby e insegnando ai membri della tua squadra a fare altrettanto. Questo diventa molto importante quando coinvolgi persone a te care, come amici e parenti con cui hai un forte legame personale, che potrebbero fare fatica a vederti in una veste professionale.

Quando riesci a creare un forte senso della squadra, dando a tutti l'impressione di essere uniti verso un unico obiettivo, allora l'entusiasmo e l'energia salgono alle stelle e diventa tutto più facile, soprattutto quando si presentano le inevitabili difficoltà. Il network marketing è fondamentalmente un lavoro di squadra e solo le persone che riescono a essere degli ottimi team leader hanno successo in questo settore. Bisogna riuscire ad ampliare la propria prospettiva mettendo da parte una visione esclusivamente egoistica del fare business: è sempre la squadra che vince!

È di fondamentale importanza che i rapporti di comunicazione all'interno del tuo team rimangano aperti e non vi siano ostacoli alla circolazione delle informazioni. Prova a nascondere qualche particolare importante del business alle persone che fanno parte della tua rete di vendita e vedrai sgretolarsi tutta la struttura in men che non si dica.

Per evitare questo diventano indispensabili la corretta organizzazione e gestione dei canali di trasmissione della comunicazione. Il mio consiglio è di procurarti una linea di cellulare che sia specificamente destinata a gestire i rapporti con i tuoi collaboratori e clienti. Tratteremo in seguito dell'importanza di saper usare lo strumento telefonico professionalmente; per il momento limitiamoci a qualche considerazione di base.

Servizio di messaggeria istantanea
Questo strumento si rivela particolarmente utile se hai un business che si svolge a livello nazionale e internazionale in quanto, non puoi mai sapere se, quando e da dove i membri della tua squadra sono collegati alla rete internet.

Un video-messaggio è un'ottima strategia, perché i membri della tua squadra potranno vederlo in qualunque momento riusciranno a collegarsi a internet.

Invio di email

Se la tua rete vendita è numerosa e hai l'esigenza di comunicare con molte persone, troverai questo è un modo conveniente e ragionevolmente sicuro per restare in contatto con loro.

Il vantaggio per i membri del tuo team è che potranno leggere le tue comunicazioni nel momento in cui saranno maggiormente disponibili a ricevere informazioni e a formarsi, in base alle proprie esigenze di tempo e professionali.

RIEPILOGO DEL CAPITOLO 1:

- SEGRETO n. 1: Impara a sfruttare le caratteristiche principali del network marketing.
- SEGRETO n. 2: Impara a sfruttare i diversi benefici di internet e degli eventi dal vivo.
- SEGRETO n. 3: Non aver fretta di accettare l'offerta di un'azienda. Prenditi tutto il tempo che ti serve per capire se la proposta è effettivamente vantaggiosa per te, valutandola da tutti i punti di vista.
- SEGRETO n. 4: Il reclutamento della rete vendita è la fase dove la maggior parte delle persone che provano a sviluppare un commercio in questo settore viene a mancare.
- SEGRETO n. 5: Per fare esplodere il tuo business nel network marketing, devi imparare a gestire i tuoi affiliati, formandoli in modo da duplicare il tuo sistema di reclutamento e di vendita.

CAPITOLO 2:
Come diventare in breve tempo un leader carismatico per il tuo team

Poiché, come ti ho già accennato, il network marketing è un'attività dove la gestione ottimale dei rapporti sociali gioca un ruolo fondamentale, senza delle buone abilità comunicative è impossibile riuscire ad avere successo in tale contesto.

Prova a conoscere quanto più ti è possibile i membri della tua squadra e dimostrati sempre disponibile a rispondere alle loro domande, aiutandoli a lavorare con maggiore entusiasmo e motivazione. Ricordati sempre: il loro successo è il tuo successo!

Non limitarti soltanto a dire loro quello che debbono e potrebbero fare, visto che ne hanno sentito abbastanza in merito, ma discuti anche di come sia possibile duplicare il tuo successo e guadagnare molti soldi. Soprattutto rispondi a tutte le loro domande, anche se ti possono sembrare insignificanti, e sii sempre pronto a ricavare dalle tue stesse esperienze degli insegnamenti da trasmettere a chi lavora con te. La vita mi ha insegnato che condividere le proprie esperienze professionali, anche quelle negative, è il miglior sistema per formare e motivare la tua rete vendita, perché le storie coinvolgono e restano più impresse della pura teoria.

Riuscire a formare al meglio il tuo team è la chiave per il successo tuo e della tua squadra. Familiarizza con tutti i tuoi collaboratori allo scopo di conoscere i loro punti di forza, le loro resistenze e debolezze.

Cerca di scoprire quali possono essere i potenziali leader del tuo team e dedicati principalmente a loro, perché saranno le colonne portanti della tua attività. Una volta che avrai formato dei leader forti, questi saranno infatti un fondamento solido per sviluppare la tua squadra e ti aiuteranno a loro volta a formare gli altri membri.

SEGRETO n. 6: sviluppa un solido rapporto con i membri della tua squadra, specialmente con quelli che ritieni possano essere i potenziali leader del team.

Il tuo lavoro consiste nell'assicurarti che tutti i membri della squadra siano formati per usare i tuoi collaudati metodi di reclutamento e di vendita. Il sistema per essere vincenti nel network marketing è la duplicazione.

Ecco alcuni suggerimenti di sicura efficacia per ottenerla:

1. Forma i primi tre membri della tua rete vendita, che a loro volta formeranno i primi tre membri della loro squadra e così via di seguito.
2. Scrivi un manuale di formazione in formato ebook per la tua squadra e proponilo come download gratuito a ogni nuovo membro. Questo manuale dovrà spiegare il tuo sistema, fornendo le strategie per duplicarlo concretamente passo dopo passo.
3. Assicurati che il tuo sistema sia semplice e facilmente duplicabile.
4. Infine accertati di restare in contatto con i tuoi diretti collaboratori, incoraggiali, rispondi alle loro domande e fornisci loro tutto l'aiuto che puoi per aiutarli ad avere successo.

SEGRETO n. 7: sfrutta la duplicazione per raggiungere il successo con la tua attività.

Gli errori più comuni da evitare

Il sistema del network marketing è molto semplice da imparare se si seguono poche e precise regole, che possono così sintetizzarsi: vendi e recluta altre persone che facciano altrettanto.

Solitamente le aziende di network marketing non fanno ricorso a sistemi promozionali di tipo tradizionale, anche se vi sono degli operatori del settore che si vantano di avere messo a punto degli ottimi sistemi di marketing che possono farti avere successo velocemente facendo ricorso proprio a questo tipo di strategie.

Esaminiamo alcuni dei trabocchetti da evitare per diventare un imprenditore di successo in questo business.

Molti aderiscono a un programma di network marketing con la grande speranza di fare molti soldi in tempi rapidi e con poco lavoro. Ora, questo non potrà mai accadere, non solo nel network marketing, ma in nessun'altra forma di business!

Come per tutte le cose nella vita, i risultati che ottieni sono proporzionali al lavoro e all'impegno che ci metti. Sostenere il contrario significa creare delle false aspettative nelle persone, che andranno incontro a delle inevitabili delusioni. Questo non farà altro che produrre un passaparola negativo nei confronti tuoi, della tua azienda e del network marketing in generale.

Alla fine ti troverai ad aver speso una considerevole somma di denaro senza essere riuscito a ottenere niente in cambio, fatta eccezione per una grande delusione che ti porterà ad abbandonare la tua attività e andare alla ricerca di nuove opportunità, senza mai riuscire a realizzarti veramente.

Se soltanto riuscirai a ottenere una formazione adeguata dal tuo up-line, i risultati cambieranno radicalmente. Molto spesso i nuovi distributori perdono subito la speranza e rinunciano ancor prima che si creino le condizioni per avere successo: è uno degli errori più comuni, che genera un grande turn-over nel settore.

L'estremo è rappresentato dalle cosiddette "rane del network marketing", che saltano da un programma a un altro nel tentativo di trovarne uno in cui basti pagare la quota di iscrizione per diventare una persona ricca e di successo, in breve tempo e senza affaticarsi troppo. Costoro vanno alla ricerca della loro opportunità senza avere le dovute formazione e assistenza, sbagliando clamorosamente approccio.

A nessuno piace che gli venga venduto qualcosa, ma tutti amano fare acquisti come forma di gratificazione personale. Pertanto proponiti come qualcuno che offre valore agli altri e verrai visto come un leader che tutti vorranno seguire e da cui tutti vorranno ricevere consigli.

Uno dei modi migliori per sviluppare un rapporto con i tuoi potenziali clienti è quello di familiarizzare con loro inizialmente sul piano personale, per poi convincerli a provare il prodotto, considerato che molte aziende offrono dei campioni gratuiti.

Parla loro dell'azienda e quindi invitali a visitare il suo sito web, lasciandogli così la possibilità di prendere una decisione informata e ponderata. Non commettere l'errore di pre-qualificare i tuoi potenziali clienti, scegliendo preventivamente a chi proporre e a chi no la tua opportunità. Non andare mai alla ricerca di collaboratori lasciando intendere di avere un disperato bisogno di loro: questo è l'errore più comune che vedo fare ai neofiti di questo business! Ricordati che sei tu che stai offrendo agli altri un'opportunità di guadagno che potrebbe cambiare la loro vita.

Sii sempre entusiasta dell'occasione e del prodotto che proponi, trasmettendo queste sensazioni positive a tutte le persone con cui entri in contatto. Ricordati: le emozioni positive sono contagiose e creano una forza attrattiva verso chi le manifesta.

Non so se ti è mai capitato di incontrare quelle persone molto positive, che sono sempre sorridenti e di buon umore qualunque cosa gli capiti: sono sicuro che le hai sempre viste attorniate da gente che vuole stare in loro compagnia. Questo è quello che accade ai leader del network marketing. Per averne una conferma, ti basta osservare quello che succede ai top manager della tua azienda.

Molte persone non verificano le credenziali di un'azienda prima di aderire a un'offerta di lavoro, correndo in questo modo un grande rischio. Potrebbero, infatti, trovarsi a sponsorizzare un business non legittimo e di breve durata, con inevitabili conseguenze negative sulla loro credibilità professionale da parte dei propri clienti e conoscenti.

Ricordati che, per costruire il tuo business e dare un futuro luminoso a te e alla tua famiglia, hai bisogno di puntare su un'azienda che abbia reali prospettive di sviluppo. Pertanto non aderire a un programma di network marketing solo perché rappresenta la moda del momento. Tieni presente poi che molte aziende sviluppano un business soltanto per sé, senza prendersi cura dei propri collaboratori, vale a dire di te e della tua squadra.

Prima di iniziare un'attività di network marketing, rifletti bene su come potresti proporre quel determinato business sul mercato. I soldi, infatti, non cadranno dal cielo e tu dovrai darti molto da fare per reclutare i membri della tua squadra e riuscire a vendere i tuoi prodotti. In giro ci sono troppe persone che vogliono diventare imprenditori, senza avere la minima idea di come si faccia marketing diretto e di come ci si procuri dei contatti utili.

Non puntare a iscrivere quante più persone possibili nella tua squadra, come fanno invece molti networker, reclutando familiari e amici che magari sono ancora più inesperti di te nelle attività di vendita e reclutamento. È come se un cieco volesse condurre altri ciechi: la cosa difficilmente funzionerà.

Concentra invece i tuoi sforzi per trovare contatti utili al tuo mercato di riferimento, senza puntare alla cieca. Vai alla ricerca di persone che realmente vogliano intraprendere un business online da casa e soprattutto cerca rivenditori che abbiano già maturato delle competenze nel settore del network marketing.

Questi che ti ho appena elencato sono alcuni degli errori più comuni. Evitarli ti farà risparmiare tempo e denaro nella fase di creazione del tuo business. Iniziare un'attività di network marketing non è poi così difficile e faticoso quando si conosce e si applica un sistema già collaudato.

La fase di start-up

Come ogni tipo di attività imprenditoriale, anche questa necessita di uno sforzo per progettarla e svilupparla, soprattutto all'inizio.

La fase di start-up in questo caso richiede la capacità di adattarsi quanto più velocemente possibile a tale sistema di business. L'impostazione di un programma è importantissima, altrimenti scoprirai che sarà molto difficile, quasi impossibile, avere successo. Vediamo ora analiticamente i singoli passaggi da compiere.

Avere un atteggiamento positivo

In primo luogo devi avere un atteggiamento positivo e orientato al successo. Non basta che tu sia deciso a riuscire: è necessario compiere un passo di più, cioè essere convinto che nulla avrà il potere di impedirti di realizzare il tuo sogno.

Se affronterai il lavoro con un atteggiamento negativo non riuscirai a gestire positivamente le varie situazioni che ti si presenteranno, soprattutto quelle impreviste, che avranno una efficacia limitante per il tuo successo.

Non sarà oggi e neppure domani, ma, se t'impegnerai con disciplina ed entusiasmo, il successo arriverà quando meno te l'aspetti. Questo perché cercherai tutti i modi per riuscire, facendo vari tentativi, fino a che non scoprirai il sistema che funziona e che si rivela più adatto a te e al tuo business.

Stendere un programma

È vitale per il tuo successo che tu riesca a formulare un programma di lavoro dettagliato, che sia il più semplice ed efficace possibile e sia basato sulle seguenti scadenze temporali:

- 3 mesi;
- 6 mesi;
- 1 anno.

I tuoi primi tre mesi saranno un attacco sferrato su due fronti, perché dovrai focalizzarti su entrambe le attività che compongono questo business, e cioè sia la vendita dei prodotti dell'azienda, sia il reclutamento dei nuovi membri della tua squadra. Per fare questo avrai bisogno di un sistema efficace che ti consenta di lavorare su due mercati:

1. la promozione delle opportunità di lavoro da casa sul web, per quanto riguarda il reclutamento;
2. la ricerca di persone che hanno bisogno e/o desiderano i prodotti della tua azienda. Se, ad esempio, lavori per

un'azienda che opera nel mercato del benessere e della salute, dovresti individuare coloro che hanno uno stile di vita basato su tali valori.

Definisci quindi i tuoi obiettivi per i primi tre mesi, specificando in particolare quanti nuovi collaboratori desideri reclutare per la tua rete vendita e quanti prodotti vuoi provare a vendere. Trascorso tale periodo, ti sarai reso conto di quali tecniche di vendita funzionano in concreto e avrai imparato come realizzarle il più velocemente ed economicamente possibile.

Tali risultati ti saranno utili per formare i membri della tua squadra, che, immediatamente dopo aver aderito al tuo programma, cominceranno subito a fare tesoro della tua esperienza.

I tuoi obiettivi dei 6 mesi e quelli di un anno saranno approssimativamente gli stessi. L'unica differenza sarà che amplierai la tua rete vendita, reclutando nuovi distributori e vendendo una quantità maggiore di prodotti.

Decidi realisticamente quanto tempo puoi permetterti di dedicare al tuo business e fai un preventivo di quanto ti costeranno la commercializzazione del tuo prodotto e l'attività di reclutamento. Per prima cosa ti converrà aprire un conto bancario speciale, da destinare esclusivamente al tuo business, in modo da mantenere separate le spese per la famiglia e la vita privata ed evitare che si generi confusione tra le due finanze.

Non fare investimenti eccessivi all'inizio della tua attività, ma non tirarti nemmeno indietro dinnanzi alle spese necessarie, che ti porteranno risultati apprezzabili nel rapporto tra costi e benefici. Per i primi tre mesi non illuderti di riuscire a generare una grossa quantità di profitti: questa attività richiede un certo periodo di tempo per decollare.

Se nei tuoi primi 3-6 mesi riesci a fare dei soldi, dovresti nuovamente reinvestirli nel business per potenziare l'attività di marketing e procurarti gli strumenti necessari per la formazione tua e dei tuoi collaboratori. Inizia le tue promozioni investendo una piccola quantità di denaro, verifica i risultati e non mettere mai tutti i tuoi soldi in una nuova promozione.

SEGRETO n. 8: non permettere che il tuo business si sviluppi esclusivamente grazie a delle promozioni che richiedono investimenti significativi.

Ricordati di registrare, seguire e verificare tutte le promozioni che provi. Anche se ti potrà sembrare un'attività insignificante, potresti ricavarne degli insegnamenti che, col tempo, ti aiuteranno a redigere una lista di quelle che, in base alla tua esperienza, sono le strategie ottimali per fare pubblicità.

In un secondo momento potrai comunicare queste informazioni ai membri della tua squadra, per agevolarli nella duplicazione del tuo successo.

Individua il tuo mercato obiettivo

Prima di iniziare, ricordati di inquadrare correttamente il tuo mercato come fosse un bersaglio. Per formare la tua rete vendita proponi la tua opportunità a coloro che hanno mostrato interesse ad avviare un'attività da casa, individuando le pubblicazioni on line più lette dalle persone interessate a quello che proponi, partecipando attivamente ai forum e ai gruppi di discussione del settore. Nella maggior parte di questi posti non puoi fare pubblicità diretta, ma puoi comunque rispondere alle domande degli altri utenti usando la tua firma completa dell'indirizzo del tuo sito web.

In questo settore l'esperienza è quella che conta. È molto importante che tu riesca a reclutare la gente giusta per il tuo team. Pertanto prova a selezionare coloro che hanno già sperimentato un'attività di network marketing e amano questo business, perché saranno dei membri forti della tua squadra sia come leader che come formatori.

La seconda categoria di persone sulla quale devi concentrare la tua attenzione è costituita da coloro che sono interessati realmente a migliorare la qualità della loro vita, iniziando un'attività professionale da casa. Costoro avranno bisogno di una formazione maggiore, ma potranno comunque ottenere risultati apprezzabili, se dimostreranno impegno e costanza.

Ti consiglio di non provare mai a sollecitare amici e familiari ad aderire al tuo network, a meno che non abbiano già fatto parte di un'attività similare in passato. Il rischio, infatti, è di non riuscire a trovare dei validi collaboratori e per di più causare dei dissapori nella tua cerchia di amici e parenti, se costoro non riusciranno a ottenere i risultati che gli avevi preventivato.

La cosa principale da ricordarsi è che non bisogna rinunciare mai, qualunque cosa accada. Seguendo questa semplice regola farai la tua fortuna economica e quella della tua squadra.

SEGRETO n. 9: la persistenza è la chiave del successo nel network marketing.

Il reclutamento telefonico

Il reclutamento per telefono è uno dei modi più efficaci e più comuni per trovare nuovi collaboratori per la tua rete vendita, anche se richiede una certa pratica per acquisire le indispensabili abilità. Purtroppo molti imprenditori nel network marketing non hanno le necessarie competenze e vanno incontro a numerose frustrazioni, nel momento in cui si rendono conto che solo una percentuale molto piccola delle persone contattate aderisce alla loro proposta.

Per utilizzare il telefono come uno strumento di reclutamento per costruire la tua squadra, devi ricevere un'adeguata formazione in merito, non ricorrendo all'improvvisazione come invece fanno molti. Tutto si gioca su precise strategie di comunicazione, che bisogna prima imparare e poi mettere in pratica.

I tuoi primissimi tentativi non potranno certamente essere positivi, ma facendo pratica in modo sistematico e professionale non ti ci vorrà molto tempo per imparare. Una buona idea è quella di fare ascoltare le tue telefonate da un superiore di struttura, che abbia già una certa esperienza in materia e possa darti dei preziosi consigli, evitandoti così di fare sempre gli stessi errori e perdere molte occasioni.

Durante le telefonate, puoi fare riscorso a uno schema prestabilito che metterai per iscritto, facendo attenzione a essere quanto più naturale possibile verso il tuo interlocutore. Usare uno script è una buona regola che ti consente sempre di monitorare i tuoi risultati e migliorarti. Il segreto è di non farlo mai scoprire al destinatario delle tue telefonate, al quale devi sempre dare una sensazione di naturalezza e professionalità.

Ricordati, quando usi questa tecnica, di essere flessibile nella esposizione, evitando di leggere meccanicamente il testo senza trasmettere emozioni.

Considera che il network marketing è un business basato fondamentalmente sui rapporti sociali e il tuo successo dipenderà molto dal modo in cui conosci e applichi le relative tecniche. È vitale per il successo della tua impresa comunicare con i tuoi clienti e collaboratori, restando in contatto con loro costantemente.

Soprattutto i membri della tua rete di vendita devono sapere che li sosterrai in ogni fase della loro strada, fino al raggiungimento dei loro obiettivi. Inoltre devono essere consapevoli che sei interessato al loro successo e che sei disponibile a trasferirgli tutta la tua competenza ed esperienza. Il telefono può essere una parte importante di questa comunicazione.

È importante, oltre che essere una regola di buona educazione, assicurarti che la persona che hai contattato telefonicamente, sia disponibile in quel momento a conversare con te. Come puoi immaginare, un semplice errore nell'impostazione della relazione può rischiare di tramutarsi non solo in una risposta piuttosto difficile da gestire, ma probabilmente anche in un autentico rifiuto.

Quando chiami un potenziale cliente, devi prendere in considerazione la possibilità che questo potrebbe non essere in un buon momento per ascoltare con la dovuta attenzione la tua proposta. Pertanto, dopo esserti presentato professionalmente, domanda sempre se ha un attimo di tempo per ascoltarti.

Ricordati che stai parlando con un cliente potenziale e quindi è doveroso mantenere un contegno gentile e rispettoso. Dagli sempre la possibilità di concordare con te un momento migliore per conversare.

La chiamata cosiddetta "a freddo" non dovrebbe mai essere vista come un momento adatto per vendere, ma esclusivamente per "rompere il ghiaccio" allo scopo di ottenere un appuntamento, se la persona con cui parli è orientativamente interessata alla tua proposta.

Quando cominci a parlare della tua opportunità e della tua azienda, è importante che tu faccia delle domande pertinenti per verificare quelle che sono le convinzioni e le motivazioni del tuo interlocutore circa la possibilità di intraprendere un'attività di network marketing. Il metodo migliore è di fornire tutte le informazioni in risposta alle domande che ricevi, indicando l'indirizzo del tuo sito web per acquistare i tuoi prodotti e aderire alla tua rete vendita.

Non fare di un rifiuto ricevuto una questione personale e impara velocemente a superarlo senza troppa fatica, anche perché sarebbe assurdo pensare che tutti siano interessati alla tua proposta. Ricordati di ricambiare immediatamente, appena puoi, le telefonate che ricevi (dovresti riuscire a farlo entro le ventiquattro ore), non solo perché questo è indice di professionalità e gentilezza, ma anche perché ti agevolerà a sviluppare dei rapporti basati sulla fiducia con i tuoi collaboratori e clienti.

Sii sempre rispettoso e gentile: è un aspetto molto importante da tenere presente quando usi il telefono. Mettendo i tuoi interlocutori nella giusta predisposizione per ascoltarti, otterrai sempre delle risposte migliori. Devi essere consapevole che il destinatario della tua telefonata può capire quali sono le tue intenzioni semplicemente ascoltando il tono della tua voce.

Ricordati che stai rappresentando la tua azienda e quindi dovresti sempre essere professionale e avere un atteggiamento che ispiri fiducia quando conversi al telefono. Usa sempre un tono piacevole poiché questo ti agevolerà nell'entrare in sintonia col tuo destinatario: se fra voi si crea un buon rapporto, entrambi riuscirete nel vostro scopo.

La segreteria telefonica

Non puoi essere sempre presente per rispondere al telefono 24 ore su 24, ma allo stesso tempo non puoi permetterti di perdere nessuna delle chiamate che ti arrivano. Pertanto, ricordati di installare sempre un sistema di segreteria telefonica, facendo ricorso, preferibilmente, a un numero verde. In questo modo, infatti, i tuoi clienti saranno maggiormente invogliati a chiamarti, in quanto, sapranno di non dover pagare la telefonata, e il tuo business avrà una maggiore credibilità e professionalità.

Il tuo messaggio registrato sulla segreteria telefonica dovrebbe essere breve e professionale e dovrebbe includere sempre una richiesta esplicita rivolta al chiamante affinché dichiari il momento in cui desidera essere richiamato.

Inoltre sarebbe interessante inserire un sistema grazie al quale i tuoi interlocutori, semplicemente premendo un tasto del loro telefono, possano ricevere maggiori informazioni sui vari aspetti del tuo business e vengano incoraggiati a visitare il tuo sito web.

SEGRETO n. 10: assicurati che i tuoi clienti conoscano il tuo numero gratuito e pertanto inseriscilo in ogni comunicazione che trasmetti loro, invitandoli sempre a mettersi in contatto con te per ulteriori informazioni.

Il sito internet

Un sito internet può essere un modo molto potente per generare contatti utili a formare la tua squadra. Si tratta solitamente di un sito web composto da una singola pagina in cui è contenuta una lettera di vendita della tua offerta professionale.

Alla fine di tale presentazione è inserito un modulo per ricevere maggiori informazioni e mettersi in contatto con te oppure richiedere uno special report gratuito in cui quello che hai scritto nella lettera di vendita viene approfondito e accompagnato da una richiesta di entrare a far parte del tuo network.

Puoi anche predisporre una newsletter in cui dare consigli e suggerimenti su come svolgere al meglio l'attività di network marketing oppure parlare del tuo mercato e dei tuoi prodotti. In questo caso, dopo essere riuscito a instaurare un rapporto di fiducia e credibilità con i tuoi iscritti, presentandoti come un esperto del settore, puoi presentare la tua opportunità.

Progetta con attenzione il tuo sito web in modo che sia facile da visitare e altamente informativo, ponendo al centro dell'attenzione gli interessi dei tuoi clienti e le loro esigenze. Prova a capire cosa cercano ponendoti sempre le seguenti domande: quali interessi hanno? Quali sono i loro obiettivi?

Se è necessario, procurati un sito che sia facilmente aggiornabile, in modo da far trovare ai tuoi visitatori contenuti sempre nuovi e originali, dimostrandoti sempre informato circa le novità del tuo mercato specifico. Scrivi anche articoli che trattino dei prodotti della tua azienda e spieghino come iniziare da casa un'attività sul web grazie al network marketing. Riempi il tuo sito di una grande quantità di informazioni di buona qualità, per soddisfare le esigenze dei tuoi visitatori e dare un risconto ai loro problemi più diffusi.

Promuovi il tuo sito web attraverso il posizionamento nei motori di ricerca e con le campagne di "pay for click". Gli omaggi gratuiti serviranno a catturare gli indirizzi di posta elettronica dei tuoi clienti e ti permetteranno di effettuare delle campagne di email-marketing.

Per creare materialmente un semplice sito web di una sola pagina posso consigliarti il seguente software completamente gratuito, NVU, che è usato da tantissimi web marketer e puoi scaricare dal seguente link: http://www.softonic.it/s/software-nvu

RIEPILOGO DEL CAPITOLO 2:

- SEGRETO n. 6: Sviluppa un solido rapporto con i membri della tua squadra, specialmente con quelli che ritieni possano essere i potenziali leader del team.
- SEGRETO n. 7: Sfrutta la duplicazione per raggiungere il successo con la tua attività.
- SEGRETO n. 8: Non permettere che il tuo business si sviluppi esclusivamente grazie a delle promozioni che richiedono investimenti significativi.
- SEGRETO n. 9: La persistenza è la chiave del successo nel network marketing!
- SEGRETO n. 10: Assicurati che i tuoi clienti conoscono il tuo numero gratuito e pertanto inseriscilo in ogni comunicazione che trasmetti loro, invitandoli sempre a mettersi in contatto con te per ulteriori informazioni.

CAPITOLO 3:
Come creare un business che duri nel tempo

Proponi il tuo business sul mercato efficacemente e potrai sviluppare la tua attività in modo vantaggioso e sempre in crescita.

Il tema della salute e del benessere personale, ad esempio, è molto popolare nel network marketing e non c'è nessun libro dedicato a tale settore che possa definirsi completo senza affrontare questo aspetto. Anche se si tratta di un mercato molto competitivo e abbastanza saturo, puntare sul benessere è sempre una scelta positiva visto che i temi della salute e della forma fisica stanno diventando sempre più popolari.

L'importante è comprendere come sia possibile acquisire fette di mercato anche in condizioni di forte competitività. La prima cosa da fare è studiare con attenzione il prodotto che si vuole vendere e analizzare in che modo lo si può promuovere in modo originale.

Uno dei più grandi mercati che molti stanno provando a conquistare è costituito dai "figli del baby boom", e cioè la generazione di persone che ora stanno raggiungendo i 50 anni e si stanno guardando attorno per trovare sistemi che li facciano sembrare più giovani e in salute.

Costoro fanno un grande uso di tutti i prodotti per la salute e degli strumenti che servono a riprendere una forma fisica perfetta. A causa della grande domanda di mercato per questi prodotti, queste opportunità di network marketing stanno diventato immensamente popolari.

SEGRETO n. 11: uno dei più grandi business è quello legato alla salute e al benessere. In questo ambito puoi trovare diversi programmi: alcuni piuttosto costosi come quota di ingresso, altri meno impegnativi.

Quando entri a far parte di queste aziende, hai di fronte a te un grande mercato, ma allo stesso tempo anche una grande competitività. Ciò significa che deve riuscire a essere il più innovatore possibile per avere successo.

Prova ad esempio a scrivere un ebook che affronti il mercato di riferimento del tuo prodotto e presenti le risposte alle tante domande che le persone si fanno in merito a questo settore, allegando il link del tuo sito web per ricevere maggiori informazione e aderire alla tua rete vendita.

Scrivendo un libro informativo non solo coprirai i costi della pubblicità, ma svilupperai anche un rapporto di fiducia con i tuoi clienti. Specializzandoti nel tuo settore infatti assumerai una posizione da esperto, che ti agevolerà tantissimo per reclutare più membri della tua squadra e vendere maggiormente i prodotti della tua azienda.

Per catturare l'interesse dei lettori e incuriosirli, puoi anche distribuire alcuni articoli come piccoli anticipi sul contenuto del tuo ebook o fare uso di un blog. Le piattaforme migliori per creare un blog sono Wordpress (http://it.wordpress.com/) e Blogger (http://www.blogger.com/).

L'elemento principale per sviluppare alla grande il tuo business è escogitare quanti più sistemi possibili per reclutare i membri della tua squadra. Uno dei più grandi requisiti per riuscire è la capacità di essere socievoli, ma anche insegnare alle persone della propria rete di vendita a esserlo.

Molti credono di essere diventati imprenditori in questo mercato pensando semplicemente a reclutare quanti più distributori possibili, senza preoccuparsi di creare un rapporto con loro passando un po' del loro tempo per conoscerli a fondo. È invece vitale per la crescita e lo sviluppo del tuo commercio di network marketing riuscire a sviluppare un rapporto con ciascuno dei membri della tua squadra. Costoro devono potersi fidare di te, perché sarai il loro punto di riferimento e un modello da imitare.

Allo stesso modo quanto migliore sarà il rapporto che riuscirai a instaurare con i tuoi potenziali clienti, tanto maggiori saranno le tue possibilità di riuscita. Il modo in cui tratterai questo aspetto della tua attività farà la tua fortuna oppure sarà la tua rovina.

Come ti ho accennato precedentemente, la comunicazione è la chiave del successo. Dovresti quindi mantenere tutte le linee di comunicazione sempre aperte, in modo che i tuoi collaboratori e clienti possano comunicare con te in qualsiasi momento abbiano domande da porti oppure abbiano bisogno del tuo aiuto.

Rispondi sempre tempestivamente a ogni loro esigenza. Più sono le domande a cui darai risposta, meglio svilupperai i rapporti con i tuoi clienti e i membri della tua squadra.

I metodi principali per comunicare sono:

1. telefono;
2. email;
3. messaggeria vocale (si tratta del sistema meno usato, ma che invece può essere il più prezioso).

Capita spesso che i tuoi potenziali clienti si mettano in contatto in primo luogo con la tua azienda e tu hai la necessità di fare una prima impressione positiva.

Per quando non puoi rispondere, predisponi un messaggio di risposta automatica col quale inviti le persone che ti hanno contattato a richiamarti in un certo orario oppure a lasciare il loro recapito per essere ricontattati da te appena ti sarà possibile.

Ecco alcuni suggerimenti a riguardo:

- crea un messaggio che includa una serie di sconti speciali per i tuoi prodotti e spieghi come riceverli;
- sii sempre professionale e conciso nell'esposizione;
- invita il tuo visitatore a indicarti un momento specifico in cui sarebbe disponibile a essere richiamato;
- prova sempre a offrire opzioni differenti affinché il tuo visitatore possa trovare almeno un aspetto del tuo business che gli interessi;
- incita i tuoi visitatori a esprimere opinioni in merito alla tua azienda.

Avere un servizio di supporto e assistenza è di importanza vitale per la costruzione di solidi rapporti con i tuoi potenziali clienti. Puoi anche decidere di restare in contatto con loro utilizzando la posta elettronica attraverso la tua newsletter.

In questo lavoro è tutta una questione di rispetto: se inizierai a pensare ai tuoi clienti non come uno strumento per far soldi, ma come persone con le loro esigenze e interessi, allora il tuo business quanto meno te lo aspetti esploderà. Ciò a sua volta ti aiuterà a chiudere più vendite e formare amicizie a lungo termine nel mondo degli affari.

Dimostra sempre di essere un buon ascoltatore e impara a dare risalto alle qualità del tuo interlocutore, sviluppando un rapporto solido che possa durare a lungo con reciproco vantaggio. La fiducia è molto importante nel commercio ed è la base sulla quale si costruiscono i successi di ogni bravo venditore: ti aiuterà a chiudere più vendite e a trovare persone disposte a far parte della tua squadra.

Quando prometti che qualcosa sarà fatto, assicurati che la parola venga mantenuta perché i clienti, sapendo che possono fidarsi di te e della tua azienda, saranno più propensi a concludere affari vantaggiosi con te. Comprendere quello che i tuoi potenziali clienti ricercano e conoscere i loro interessi è molto importante nel commercio in generale e in particolar modo nel network marketing.

Acquisendo padronanza nell'arte di fornire un buon servizio ai tuoi contatti, avrai impostato una strategia durevole per lo sviluppo di un solido rapporto con i tuoi clienti e membri della tua squadra.

Diventare un manager del network marketing è una grande responsabilità, perché significa dover gestire non solo il tuo successo personale ma anche quello dei membri della tua squadra. Molto dipenderà dalle tue capacità e da come riuscirai a guidare e formare i tuoi distributori.

La maggior parte delle persone non sente questa responsabilità verso la propria rete commerciale. Ricordati invece che coloro che ne fanno parte hanno "comprato" la tua opportunità e hanno creduto in te, quindi è tuo dovere fare tutto quanto ti è possibile perché raggiungano i risultati a cui ambiscono.

Il problema è che molti non sanno quanto duro bisogna realmente lavorare per diventare un manager del network marketing. La capacità di sostenere e formare i tuoi collaboratori è la chiave del tuo successo in questa attività. Ora vediamo insieme quali sono gli elementi fondamentali per costruire un team vincente.

Motivazione

Tutto il settore del commercio, compreso il network marketing, richiede capacità di motivazione delle risorse umane. Prima di tutto devi pertanto riuscire a tirare fuori il meglio di te stesso, magari annotando i motivi per cui sei in attività e gli obiettivi che vuoi realizzare.

È molto importante per il tuo successo che riesca a mantenere motivati nel lungo periodo i membri della tua squadra. Difatti uno dei grandi problemi in questo business è il gran numero di persone che, dopo poco tempo che sono entrati in attività, se ne disinteressano perdendo di vista le motivazioni iniziali.

La causa principale di questo abbandono è che non sanno come svolgere il lavoro in modo ottimale ed efficace, ricavandone solo delusioni e frustrazione e non riuscendo a ottenere i guadagni sperati.

Il tuo successo dipenderà principalmente dal tuo atteggiamento mentale. Devi essere determinato non solo a voler riuscire, ma a voler riuscire a qualunque costo e devi infondere tale concetto anche ai membri della sua squadra. Incoraggiati a pensare in grande e a trovare il modo per farlo accadere. Quando il "perché" è molto forte, riuscire a trovare il "come" non è mai un problema!

La differenza tra coloro che rimangono in difficoltà finanziaria tutte la loro vita e quelli che sono nati per fare soldi può essere individuata spesso nella tendenza di questi ultimi a pensare in grande ed essere grandi. Se decidi di voler essere migliore e più ricco di come sei attualmente, allora troverai sicuramente un modo di agire in tale direzione.

La comunicazione è vitale per il tuo successo, ma buoni comunicatori non si diventa, si nasce. Se non hai questa abilità, il network marketing non fa per te! Le abilità nella comunicazione sono molto importanti per il successo tuo e dei membri della tua squadra. Resta in contatto con ciascuno di loro, motivali e formali per essere dei bravi networker.

Devi riuscire a scoprire quali sono i loro obiettivi e i loro sogni e mostrare loro come riuscire a realizzarli grazie alla tua opportunità. Ricordati sempre che il loro successo è il tuo successo: il network marketing è un business per chi ama aiutare gli altri e non per gli egoisti. Conduci con l'esempio e forma i membri della tua squadra a fare lo stesso.

Devi riuscire a essere entusiasta e professionale, trasferendo queste sensazioni positive ai membri della tua squadra, che a loro volta faranno lo stesso.

Fai appello a un istinto molto forte nelle persone che è quello di voler imitare i modelli di successo e soprattutto fai tutto il possibile per essere tu il modello dei tuoi collaboratori, insegnandogli a essere a loro volta guide della propria squadra.

L'amministrazione del tuo team includerà:

- una buona gestione della squadra: organizza e dirigi la tua squadra e il business;
- una programmazione corretta: fai un programma settimanale, quotidiano e perfino mensile, perché ciò ti aiuterà a mantenerti concentrato e organizzato verso il raggiungimento dei tuoi obiettivi.

Molta gente viene a fallire in questo business proprio per la mancanza della dovuta organizzazione. Il tuo tempo deve essere usato saggiamente perché è una delle risorse più importanti che hai.

Usa l'automazione per quanto possibile e quindi approfitta di tutti gli strumenti utili, come gli auto-risponditori, che possono farti risparmiare molto tempo e soldi. Organizza tutte le attività che puoi impostandole col "pilota automatico" e risparmia quanto più tempo possibile da dedicare a quelle mansioni che puoi compiere soltanto tu.

Forma i membri della tua squadra affinché siano dei forti leader delle proprie reti vendita, perché questo ti assicurerà il successo nel lungo periodo. Più leader avrai nella tua squadra e più forte sarà la tua rete vendita.

Per avere successo nel network marketing non solo devi essere bravo a formare le persone del tuo team, ma devi anche riuscire a individuare e valorizzare quelli di maggiore talento, che possono diventare le colone portanti della tua attività.

Ora vediamo quali possono essere le domande e i punti da toccare durante i colloqui:

1. **I motivi che li spingono a iniziare un'attività e, in particolare, perché hanno scelto il network marketing**. È importante conoscere i valori dei potenziali membri della squadra, provando a capire cosa li spinge a voler iniziare un'attività di network marketing, in modo da motivarli sul lungo periodo e aiutarli a raggiungere i loro obiettivi.
2. **Le loro resistenze e debolezze**. Comunicare regolarmente con i membri della tua squadra ti aiuterà a scoprire le loro resistenze e debolezze, saprai di che cosa hanno bisogno per essere formati e se potranno diventare dei validi leader.
3. **La loro esperienza**. È saggio riuscire a trovare dei rivenditori che abbiano già esperienza nel network marketing, conoscano il sistema e lo apprezzino. Costoro, infatti, hanno maggiori possibilità di successo e possono a loro volta portare nella tua azienda persone provenienti da altre attività di network marketing. Possono inoltre diventare dei validi leader della tua rete vendita e aiutarti nella formazione dei nuovi distributori.
4. **La loro motivazione e capacità di motivare gli altri**. Devi valutare le capacità dei membri della tua squadra di ispirare e

motivare gli altri, in quanto il network marketing è basato fondamentalmente sulle capacità motivazionali e sull'abilità nel riuscire a far rendere al massimo livello possibile i propri collaboratori.

SEGRETO n. 12: durante i colloqui di reclutamento cerca di capire se la persona in esame potrebbe diventare un manager oppure un venditore della tua squadra.

I falsi miti

Ci sono alcuni miti circa il network marketing che devono essere riconosciuti e capiti. Molte persone, specialmente se sono agli inizi, sono particolarmente vulnerabili e a volte questo può essere uno dei fattori che conducono al loro fallimento.

Faremo noi la squadra per te

Uno di più grandi miti è generato dalle aziende di network marketing, che spesso, per convincerti a aderire alla loro proposta, ti dicono che avrai subito una grande rete vendita e che ti saranno attribuiti dei rivenditori dai tuoi sponsor.

Molte persone aspettano che ciò accada e non si preoccupano di fare promozioni, contando solo sui contatti gratuiti che gli hanno promesso. Altre campagne pubblicitarie di molte aziende danno l'impressione che un grande volume di soldi possa essere fatto in breve tempo.

Il network marketing è un business come gli altri: richiede tempo e lavoro per essere impostato correttamente e cominciare a dare i propri frutti. Devi prendere familiarità col tuo sistema e riuscire ad applicarlo con metodo e professionalità, sia per vendere i prodotti sia per reclutare e formare nuovi distributori.

Devi reclutare, reclutare, reclutare senza preoccuparti di condividere e promuovere il prodotto dell'azienda

La maggior parte dei tuoi contatti hanno bisogno di un motivo valido per aderire alla tua opportunità e necessitano di essere rassicurati che non si tratta di un raggiro. Illustrare i prodotti con competenza, quando presenti la tua opportunità, conferirà credibilità alla tua azienda e alla tua proposta d'affari. Il reclutamento è importante ma il tuo interlocutore deve poter esaminare e valutare l'intero progetto nella sua complessità.

Una volta che hai reclutato i membri della tua squadra accade che costoro vengono lasciati da soli nello svolgere la loro attività, per quanto riguarda sia la vendita dei prodotti sia la selezione dei nuovi distributori. Questo è il più grande mito in assoluto e uno dei motivi per cui molti falliscono.

In mancanza di sostegno, infatti, metterai i tuoi collaboratori in situazioni di grande difficoltà e umiliazione per i continui rifiuti che riceveranno e che molto presto causeranno scoraggiamento e quindi abbandono.

La vendita del prodotto è la tua fonte principale di reddito

Ciò non è in linea con la filosofia del network marketing. Non sei un venditore, ma un formatore di una rete vendita che devi far rendere al meglio. Con questo non voglio dire che devi trascurare la commercializzazione del prodotto in prima persona, ma non sarà questo il punto di forza della tua attività.

Aderisci subito

Alcune aziende fanno molto parlare di sé per il fatto che danno la possibilità di essere uno dei primi a aderire e diventare assegnatario di una grande rete vendita e ingenti profitti. Il network marketing non funziona in questo modo. Ogni nuovo distributore deve costruire la sua squadra, che fa parte di un'altra squadra, che a sua volta fa parte di una grande azienda.

Il reclutamento dovrebbe iniziare con i familiari e amici più stretti

Non fare ricorso a questo sistema perché rappresenta il più grande errore che tutti commettono col network marketing. Gli amici e i membri della tua famiglia solitamente conoscono poco e niente del network marketing. Per avere successo e fare soldi nel modo più semplice e veloce possibile, hai invece bisogno di avere nella tua squadra persone con esperienza in questo business.

SEGRETO n. 13: non devi credere a nessuno dei "falsi miti" del network marketing.

Come promuovere il tuo business

Ci sono diversi modi per promuove la tua attività. Esiste la vendita diretta, la vendita passiva, la vendita virale e quella sociale, solo per citare alcuni esempi. È importante usare dei sistemi multipli per avere successo. La commercializzazione e promozione del tuo nuovo business sul mercato saranno la parte più impegnativa, per cui i membri della tua squadra avranno bisogno di un sostegno maggiore.

La vendita diretta

Questo tipo di vendita è facile da mettere in pratica, poiché non richiede l'utilizzo di tecniche particolari. Ci sono vari posti che puoi usare a questo fine, come le pubblicazioni specializzate, i siti web e le pubblicità pay for click, come Google Adwords e Facebook Ads, che sono quelli che io stesso utilizzo.

Pubblicazioni online

Nell'individuare le pubblicazioni specializzate puoi usare sia quelle online che quelle tradizionali.

Le pubblicazioni online sono quelle più economiche e spesso sono il primo posto che i nuovi imprenditori usano per la loro pubblicità. Ci sono alcuni punti da ricordare quando usi queste pubblicazioni. Devi essere sempre sicuro di individuare il tuo giusto target di mercato: per reclutare i membri della tua squadra devi puntare sul settore del lavoro da casa con internet, mentre per vendere il prodotto devi concentrarti sul settore specifico della tua azienda.

Analizza molto bene le pubblicazione prima di fare pubblicità e di abbonarti, poiché la maggior parte di queste non sono gratuite. Avere una grande lista di contatti in una newsletter non significa sempre poter contare sulla migliore risposta, poiché molto dipende dalla qualità, piuttosto che dalla quantità. Quindi verifica bene questo elemento prima di acquistare pubblicità nelle newsletter altrui.

Verifica quanti annunci di potenziali concorrenti la pubblicazione online contiene e la relativa frequenza. Le newsletter quotidiane spesso non sono così efficaci per fare pubblicità, considerato che non vengono lette da tutti ogni giorno.

Se nella pubblicazione ci sono troppi annunci, il tuo non sarà notato molto facilmente. Inoltre verifica che gli annunci vengano pubblicati nella sezione dove sono posizionate le opportunità di business come target di mercato.

Fai delle prove per verificare quale può essere l'annuncio più efficace, tenendo un resoconto delle conversioni per migliorare sempre la tua comunicazione e individuare le migliori pubblicazioni online.

Ricordati sempre di seguire, verificare e registrare i tuoi risultati. Accertati che i siti web che hai scelto per pubblicare i tuoi annunci abbiano un elevato volume di traffico, per rendere efficaci le tue campagne pubblicitarie. Quelli che trattano di opportunità di business e lavoro da casa con internet sono i migliori.

Pubblicazioni cartacee

Queste possono essere abbastanza costose, ma allo stesso tempo efficaci. Puoi fare pubblicità nelle pubblicazioni che trattano opportunità di affari da gestire da casa su internet, per trovare iscrizioni alla tua proposta.

Probabilmente, prima di usare questo tipo di pubblicazioni, ti converrà attendere di aver guadagnato un po' di soldi con i sistemi online.

Google Adwords

Le campagne pubblicitarie di Google Adwords possono essere molto efficaci, in quanto, grazie all'utilizzo delle cosiddette parole chiave, puoi selezionare il tuo mercato di riferimento con precisione.

Per usare questa strategia devi avere un tuo sito internet dove puoi catturare i dati dei visitatori interessati alla tua proposta di business. Devi essere formato a sufficienza prima di intraprendere questa soluzione, altrimenti potresti sprecare del denaro con delle campagne pubblicitarie non in linea con i tuoi obbiettivi. Il vantaggio è che, se usata bene, questa tecnica può offrirti dei contatti specificamente interessati alla tua proposta.

Pubblicazione di articoli

Si tratta di un modo redditizio e potente per promuovere il tuo sito web allo scopo di trovare contatti utili alla tua attività. Possono essere articoli informativi sul network marketing, la tua azienda e i relativi prodotti. Al termine di ogni articolo ovviamente inserirai la tua firma, abbinata al link del tuo sito internet, con l'invito a visitarlo per trovare maggiori dettagli sull'argomento oggetto dell'articolo. Una risorsa che mi sono trovato a utilizzare e che mi ha fatto risparmiare molto tempo la puoi trovare al seguente link: http://www.articlemarketingturbo.com/

Vendita sociale

La vendita sociale include l'utilizzo di forum e gruppi di discussione che hanno come argomento principale il guadagno lavorando da casa con internet. Solitamente non puoi fare pubblicità in questi posti, ma puoi essere un partecipante attivo rispondendo e facendo domande. Ti è inoltre sempre permesso di inserire il tuo link al termine di ogni intervento.

Ricordati di offrire sempre contenuti di qualità, sia per valorizzarti, sia per evitare di essere visto dai gestori di questi luoghi come un semplice venditore.

Newsletter

Si tratta di un valido sistema per raggiungere molti contatti, purché ovviamente i visitatori del tuo sito web si iscrivano per ricevere informazioni gratuite.

In questo modo svilupperai una lista di abbonati che, a loro volta, diventeranno tuoi clienti nel lungo periodo. I bollettini sono infatti un metodo molto potente per sviluppare un rapporto con i tuoi potenziali clienti. Se i tuoi contenuti sono di qualità, avrai sicuramente delle buone conversioni in termini di vendita dei prodotti e iscrizioni al tuo programma di network marketing.

Vendita virale

Si tratta di una strategia promozionale molto potente ed efficace, specie sul lungo periodo. Consiste nel dare qualcosa in omaggio ai visitatori del tuo sito web, ad esempio un ebook, uno special report oppure un corso online al cui interno è sponsorizzata la tua opportunità di network marketing.

Per prima cosa avrai il vantaggio di proporti come un esperto della materia e poi il tuo infoprodotto potrà essere a sua volta distribuito da coloro che lo hanno scaricato dal tuo sito web a tutti i loro conoscenti. Il trucco consiste nell'individuare correttamente il tuo pubblico-obbiettivo e usare un omaggio che attrarrà le iscrizioni dei visitatori, trasformandoli in contatti utili per la tua attività.

Come puoi vedere ci sono molteplici sistemi per promuovere il tuo business. Si tratta semplicemente di provare le varie strategie per verificare, in base ai risultati che otterrai, qual è quella più adatta alle tue esigenze. L'importante è avere sistema semplice che possa essere insegnato e duplicato per i membri della tua squadra.

Ci sono varie strategie per promuovere il tuo programma di network marketing e devi riuscire a saperne usare quante più possibili per avere sempre un elevato numero di contatti utili.

Una delle tecniche migliori prevede di utilizzare un sistema automatizzato che ti permetta di sponsorizzare senza fare nulla. Per prima cosa devi predisporre una pagina dove saranno esposti sinteticamente i vantaggi di lavorare da casa con internet e le potenzialità del network marketing. Questa pagina deve essere includere anche un modulo che i tuoi potenziali clienti possano compilare, fornendo nome e indirizzo di posta elettronica.

Per formare il tuo potenziale cliente circa la tua opportunità di network marketing, potrai inviare una serie di email informative con un meccanismo di autorisposta. Si tratterà di un invio al giorno per 5-7 cinque giorni consecutivi. Le email, dal contenuto informativo, dovranno spiegare i vantaggi di aderire alla tua offerta di network marketing.

Dovrai solo cercare di generare traffico su questo tuo sito, che sarà composto da una sola pagina chiamata in gergo "squeeze page" (pagina spremi nomi), e poi lascerai il sistema lavorare per te. È consigliabile avere un certo numero di newsletter diverse tra loro, in modo tale da poter attirare un pubblico quanto più vasto possibile, che abbia diverse motivazioni per intraprendere un'attività sul web nel network marketing.

I membri della tua squadra possono duplicare facilmente questa tecnica, personalizzando i contenuti e la grafica dei siti web. Il tempo che risparmierai nell'attività di ricerca contatti potrà essere ben speso per l'attività di formazione dei tuoi collaboratori, facendoti fare il salto di qualità in breve tempo. Ciò è molto importante per il successo del tuo business e fa parte delle capacità manageriali che dovrai riuscire a sviluppare.

Mantieni una stretta sorveglianza circa il livello di conversione delle vendite e del reclutamento delle tue campagne pubblicitarie. Avrai sempre un certo numero di persone che usciranno dalla tua attività, qualunque cosa tu faccia, ma non lasciare che questo ti scoraggi: non si tratta di una conseguenza delle tue abilità manageriali, ma nasce dal fatto che il network marketing non è un business per tutti.

Un'ultima annotazione riguarda l'importanza di conoscere le procedure aziendali. Quando sottoscrivi un programma di network marketing, ci sono diverse procedure aziendali che ti chiedono di leggere, anche se il 90% dei distributori non lo fa commettendo un grave errore.

Devi essere sicuro di aver compreso tutte le clausole relative al contratto che stai sottoscrivendo. Sii sempre informato, in quanto la politica dell'azienda tende a proteggere se stessa e non i propri distributori. L'azienda può ad esempio riservarsi la possibilità rescindere il tuo contratto se dovesse presentarsi qualche problema e questo potrebbe significare la perdita di commissioni e, a volte, dell'intera tua rete vendita.

Sono sicuro che non hai alcuna intenzione di sprecare il tuo tempo e i soldi guadagnati duramente a causa di eventuali malintesi sorti con la tua azienda.

Uno dei più grandi problemi è quello relativo alla politica dello spamming. Tutte le aziende hanno naturalmente regole molto rigorose su questa tematica, in quanto la loro immagine ne potrebbe risentire. I reclami per lo spam possono avere effetti molto ampi su un'azienda, arrivando persino a causarne la rovina.

Stai attento a non dedicarti a questa forma inefficace e offensiva di pubblicità, perché può non solo danneggiare la tua reputazione in affari, ma anche quella della tua azienda madre. La regola vigente presso la maggior parte delle aziende in questi casi è l'istantanea interruzione del contratto, che ti farebbe perdere tutte le tue commissioni, la tua rete vendita e il tuo business.

Stai ugualmente attento ai membri della tua squadra e avvertili di questo inconveniente, perché alcune aziende possono interrompere la collaborazione con te anche se tale violazione avviene a opera di un tuo collaboratore.

Quando il contratto si presenta lungo e prolisso è meglio incominciare la lettura dalla parte posteriore, perché solitamente gran parte delle clausole particolarmente importanti sono scritte lì, dal momento che si suppone che i nuovi rivenditori non leggano fino in fondo il testo. Se hai dei dubbi sui termini contrattuali, non esitare a contattare la tua azienda per chiedere chiarimenti.

RIEPILOGO DEL CAPITOLO 3:

- SEGRETO n. 11: Uno dei più grandi business è quello legato alla salute e al benessere. In questo ambito puoi trovare diversi programmi: alcuni piuttosto costosi come quota di ingresso, altri meno impegnativi.
- SEGRETO n. 12: Durante i colloqui di reclutamento cerca di capire se la persona in esame potrebbe diventare un manager oppure un venditore della tua squadra.
- SEGRETO n. 13: Non devi credere a nessuno dei “falsi miti” del network marketing.

Conclusione

Il network marketing è un business unico, molto adatto per avviare un'attività in proprio da casa usando internet, senza dover fare l'inventario e con minimi costi iniziali.

Ci sono notevoli vantaggi che il network marketing ha in confronto ad altre forme di impresa. Uno dei più importanti è che non devi accumulare alcun inventario. Ciò significa che non devi anticipare i soldi necessari per acquistare i prodotti da rivendere, rendendoti libero di conservarli per poterli investire nelle strategie di marketing.

Riducendo i costi in questo modo, potrai rendere il tuo business molto più redditizio e ciò è una delle ragioni per cui il network marketing è così popolare tra coloro che vogliono mettere su un'attività in proprio, senza possedere notevoli capitali. La vendita e la costruzione di un business diventano, infatti, molto più facili e veloci quando non c'è alcun inventario di cui preoccuparsi e pochi soldi da spendere inizialmente per i prodotti.

L'altro aspetto positivo del network marketing è che ogni vendita andrà ad aumentare direttamente il tuo profitto, senza bisogno di doverlo calcolare sottraendo i costi destinati all'inventario. Inoltre ordinando direttamente dalla tua società madre, la quale si prenderà cura del trasporto, il tuo cliente riceverà la merce più velocemente e senza complicazioni.

Per quanto ti riguarda, potrai risparmiare molto tempo non dovendoti occupare della gestione delle pratiche relative alla spedizione e al trasporto della merce, che spettano direttamente alla società madre, semplificando il tuo lavoro e fornendo un servizio maggiormente qualificato ai tuoi clienti. In questo modo avrai il notevole vantaggio di poterti concentrare esclusivamente su quelle attività che costituiscono il nucleo principale del business, quale la vendita e il reclutamento.

Un vantaggio ulteriore è che non hai bisogno di un magazzino per tenere la merce. Questo significa che non devi sprecare lo spazio all'interno della tua casa, oppure spendere dei soldi supplementari per procurarti un deposito. Ciò ti consente inoltre di non doverti allontanare per svolgere la tua attività, permettendoti di passare più tempo a casa con la tua famiglia e i tuoi amici, a fare quello che più ti piace.

Naturalmente senza inventario non avrai da gestire alcun rischio imprenditoriale perché, se le vendite dovessero scendere per un motivo qualsiasi, non ti troverai con dei soldi bloccati. Ciò renderà la tua opportunità d'affari più attraente per le persone alle quali l'andrai a proporre, che valuteranno positivamente la possibilità di poter iniziare un'attività in proprio senza dover investire inizialmente grandi quantità di soldi.

A nessuno piace investire una grande somma di denaro quando fonda un'impresa, poiché si preferisce prima sperimentare la validità del business. Per questo ricorda che è difficile vendere un prodotto senza dare l'opportunità di provarlo: per convincere altri del valore di qualcosa è meglio dargli tale possibilità, specie nel settore dei prodotti del benessere personale e della salute.

Inoltre quando un'azienda è nuova e non ha ancora una reputazione consolidata, è normale che vi sia meno fiducia nei suoi confronti. Molta gente non vuole fare parte di un'azienda con un marchio nuovo perché ritiene che ci sia una forte possibilità di insuccesso. Per convincerla, in questo caso, c'è bisogno di impiegare maggiori sforzi nell'attività di reclutamento.

Entrare a far parte di una nuova azienda ha però anche dei vantaggi. In primo luogo, l'entusiasmo che accompagna questa fase e spesso di rivela contagioso. Inoltre normalmente l'azienda stessa fa delle grandi promozioni prima del lancio, incrementando l'adesione di nuovi distributori. Ciò agevolerà anche le tue promozioni, poiché il mercato, avendo già visto gli annunci della tua azienda, sarà più influenzabile dalle tue offerte.

Nel caso in cui il sistema della tua azienda non consenta di avere un numero illimitato di diretti di struttura, potranno esserti attribuiti dei nuovi distributori dall'attività di reclutamento dei tuoi sponsor, una volta che avrà completato la loro matrice.

Come per tutti i settori, anche nel network marketing devi confrontarti con le altre tue dirette concorrenti. Anche se hai centrato i posti in cui diffondere il tuo business, secondo il tuo target di mercato ben individuato, devi comunque affrontare una certa concorrenza. La strategia migliore per vincerla è quella di tenerti costantemente aggiornato sulle strategie adottate dai tuoi rivali, visitando i loro siti internet e gli altri portali dove vengono reclamizzate le loro iniziative. Questo non per copiare il loro lavoro, ma per capire le strategie che stanno usando e applicarle al tuo business.

Puoi usare Google, cercandoli direttamente in base al nome aziendale, se li conosci già, oppure attraverso le parole chiave che ne contraddistinguono l'attività. In questo modo avrai l'opportunità di scoprire molte informazioni utili, come per esempio i criteri con cui hanno progettato i loro siti web per conquistare le prime posizioni nei motori di ricerca.

Analizza le strategie con cui riescono a procurarsi contatti utili sia per la vendita che per il reclutamento di nuovi distributori, modellando le loro idee senza arrivare a copiare letteralmente i loro testi, perché farlo sarebbe illegale.

Osserva il modo in cui hanno presentato il loro sito web, se la navigazione risulta agevole e se stanno invitando i visitatori a fare qualcosa. Domandati sempre come puoi migliorare quello che stanno facendo e cosa puoi imparare da loro.

Prova a formarti quanto meglio ti è possibile su tutto quanto concerne il mercato della tua azienda e le strategie del network marketing: ricordati che la conoscenza è potere!

Spero che la lettura di questo ebook possa darti la spinta per migliorare prima di tutto te stesso e superare almeno le difficoltà iniziali. Se cerchi un'attività che sia anche un divertimento, allora il network marketing è l'opportunità giusta per te. Non ci sono infatti molti altri business che ti consentano di fare nuove amicizie e di socializzare in questo modo.

A ciò si aggiunga il fatto che un'attività di network marketing può essere sviluppata lavorando appena alcune ore al giorno. Un grande aiuto ti può arrivare dall'utilizzo degli autorisponditori, che ti consentono di automatizzare molteplici passaggi della tua attività e liberare parte del tuo tempo per sviluppare al massimo livello le tue competenze, senza sentirti costretto in compiti meccanici che ti rubano tempo ed energia.

A questo punto non mi resta altro che farti un grossissimo in bocca al lupo per la tua attività di network marketing online, augurandoti che possa portarti a realizzare tutte le tue aspirazione professionali, dandoti anche la libertà di gestire la tua vita in piena libertà e autonomia. Il che rappresenta, a mio modo di vedere, la più grande conquista che un essere umano possa fare.

Al tuo successo!

Alessandro Allaria

Network marketing coach

http://www.networkmarketingcoach.it/

www.ingramcontent.com/pod-product-compliance
Ingram Content Group UK Ltd.
Pitfield, Milton Keynes, MK11 3LW, UK
UKHW022015190726
13853UKWH00005B/1939